Petits points

Les plus belles fées

au point de croix

Petits points

Les plus belles fées au point de croix

Edigo

60, rue Vitruve 75020 Paris

Imprimé en France par Pollina à Luçon - L60981

Dépôt légal : mai 2012 - Achevé d'imprimer : avril 2012
ISBN : 978-2-35933-170-7

12

20

32

68

92

96

44

52

60

100

112

120

Petites fées

Trois petites fées virevoltant au milieu des fleurs. Ces délicats personnages peuvent être brodés individuellement sur du linge de maison ou former un joli tableau.

Points de croix		Points arrière
◣	906	906
X	3858	3858
8	3078	3078
<	907	907
H	543	3772
©	3772	165
9	165	3755
C	3755	322
–	775	3804
T	322	
◪	3804	
⧄	3806	
↓	818	
→	3689	

Toile Aïda 14 – 5,5 croix/cm – blanc
Toile Aïda 18 – 7 croix/cm – blanc
Schéma : 103 x 121 cases
Format : 18,69 x 21,95 cm

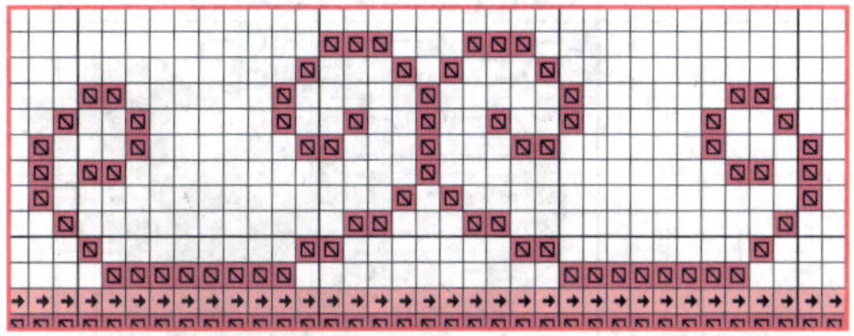

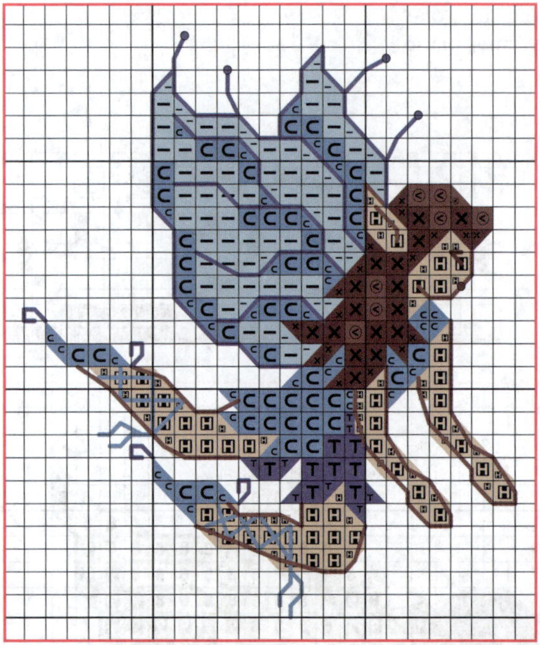

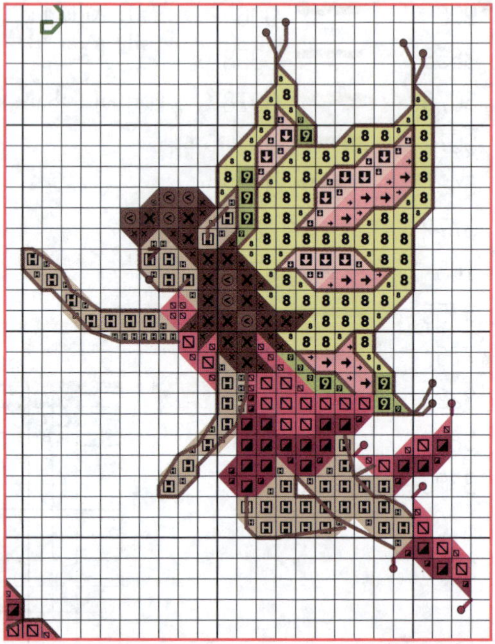

La fée enchanteresse

Dans un décor d'arabesques roses, une fée ornée de superbes ailes, virevolte tel un papillon. Ce personnage ornera à merveille un coussin ou un sac.

Symbole	DMC	Trait	DMC
▽	3354	—	3354
•	369	—	3053
V	3053	—	310
⋈	950	—	3864
N	543	—	3862
Ⓣ	3864		
⊟	963		
▙	3770		
⊘	3862		

Toile Aïda 14 – 5,5 croix/cm – blanc
Toile Aïda 18 – 7 croix/cm – blanc
Schéma : 111 x 111 cases
Format : 20,14 x 20,14 cm

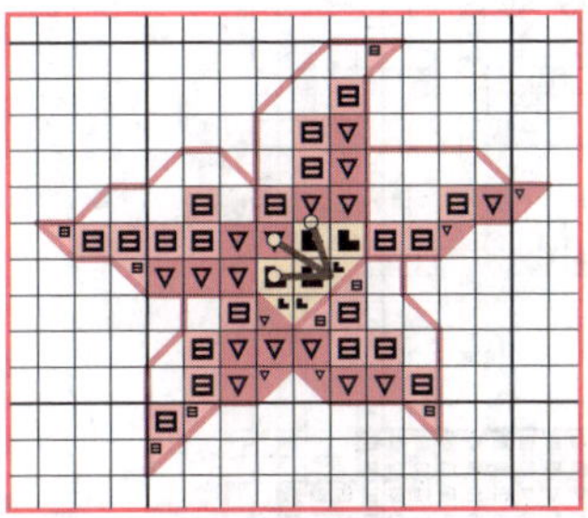

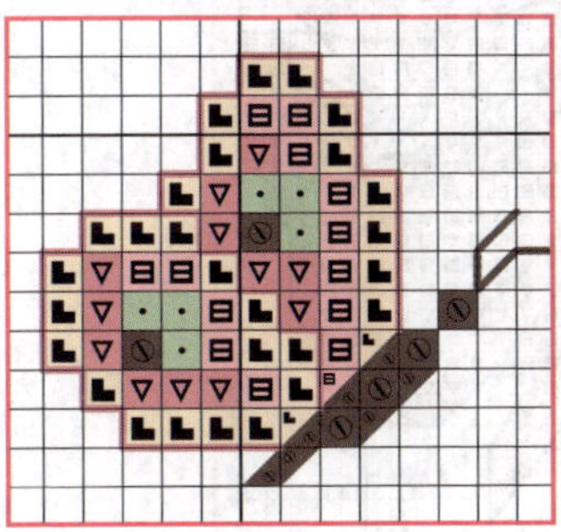

Lutins fous

Tels les fous du roi, ces petits lutins jumeaux décorent un abécédaire monochrome dans les couleurs symbolisant ce type de personnage : le vert. En les brodant, ils vous porteront chance !

■	310
↑	402
↓	3855
0	900
⊃	704
←	905
⊙	434
◐	3864
6	970

—	310
—	3855
—	900
—	704
—	434
—	3864
—	970

Toile Aïda 14 – 5,5 croix/cm – blanc
Toile Aïda 18 – 7 croix/cm – blanc
Schéma : 136 x 90 cases
Format : 24,67 x 16,33 cm

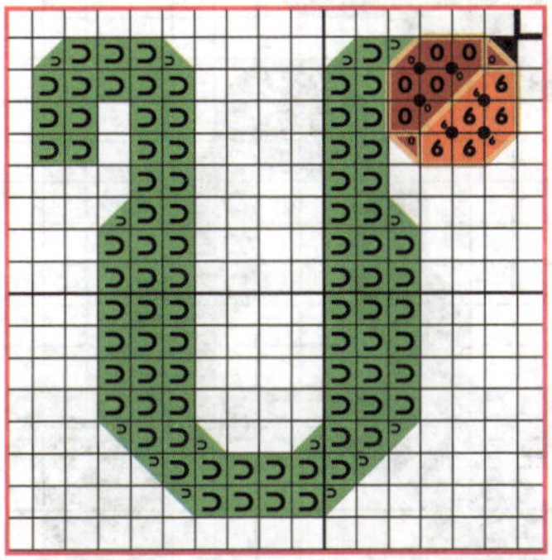

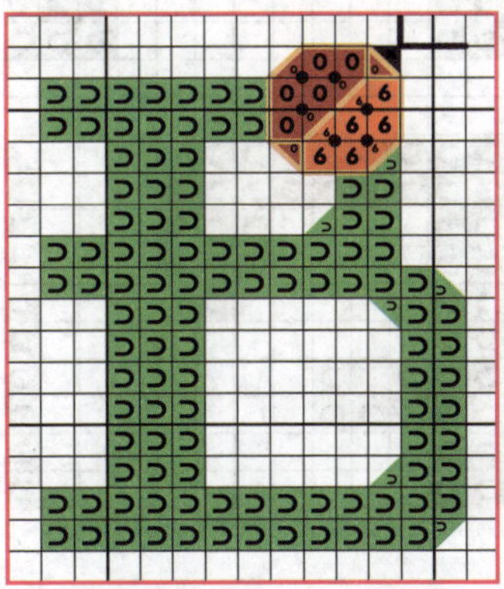

ABCDE
FGHIJK
LMNO PQR
STUVWXYZ

La fée rose

Cette fée aux couleurs chatoyantes trouvera sa place sur une belle serviette de bain ou sur un protège-cahier de jeune fille !

445	445
996	605
605	899
340	797
899	
210	
209	
208	
797	
819	

Toile Aïda 14 – 5,5 croix/cm – blanc
Toile Aïda 18 – 7 croix/cm – blanc
Schéma : 67 x 72 cases
Format : 12,16 x 13,06 cm

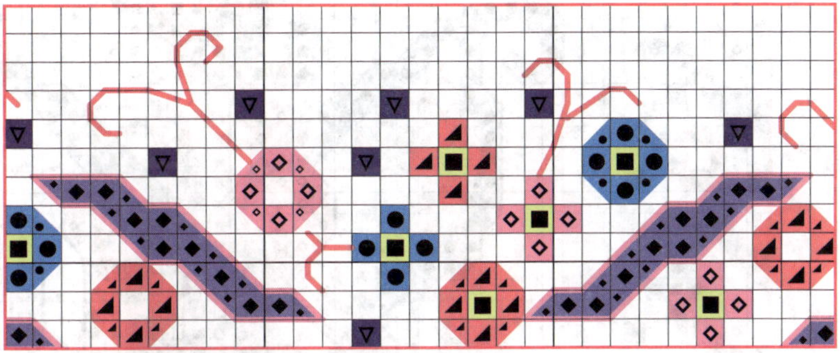

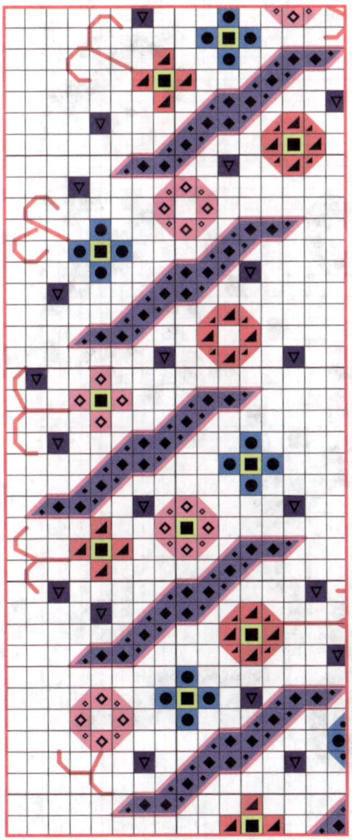

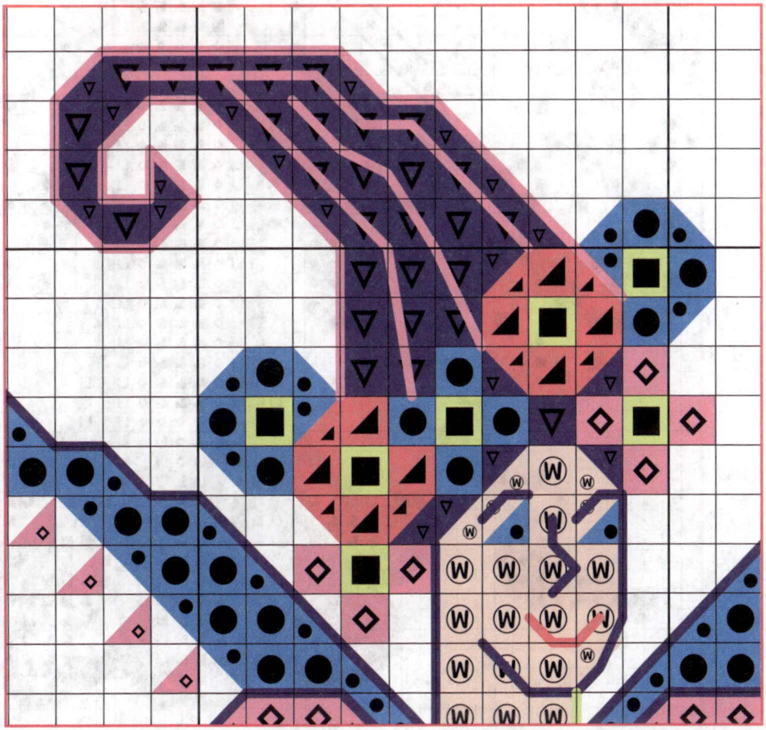

22

Délicate fée

Cette jeune fée aux allures de princesse blonde est entourée de papillons, symboles de la liberté. Elle ornera avec délicatesse un sac de fille ou une taie d'oreiller.

◣	209	—	209
●	3325	—	211
3	210	—	739
5	211	—	367
∩	775	—	3348
▼	3774	—	3859
⊂	739	—	334
×	3779		
⊃	367		
○	3348		
♥	3859		
⑥	334		

Toile Aïda 14 – 5,5 croix/cm – blanc
Toile Aïda 18 – 7 croix/cm – blanc
Schéma : 79 x 147 cases
Format : 14,33 x 26,67 cm

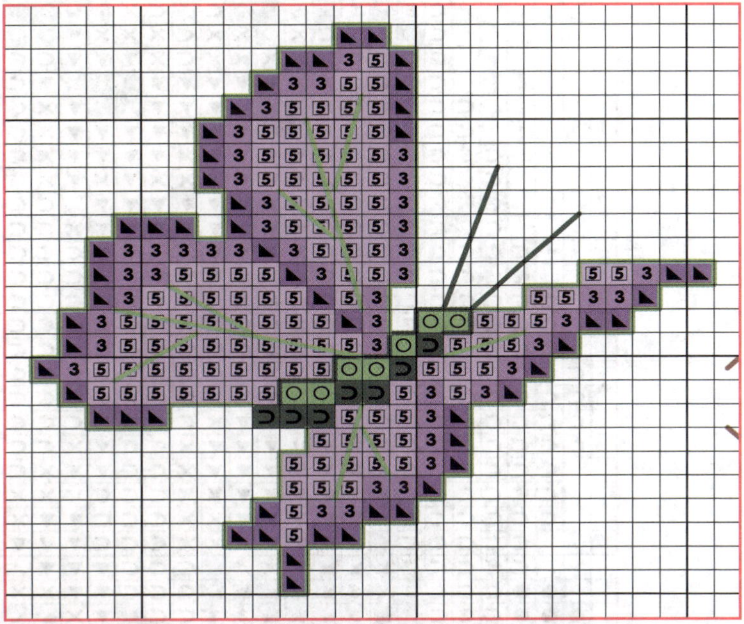

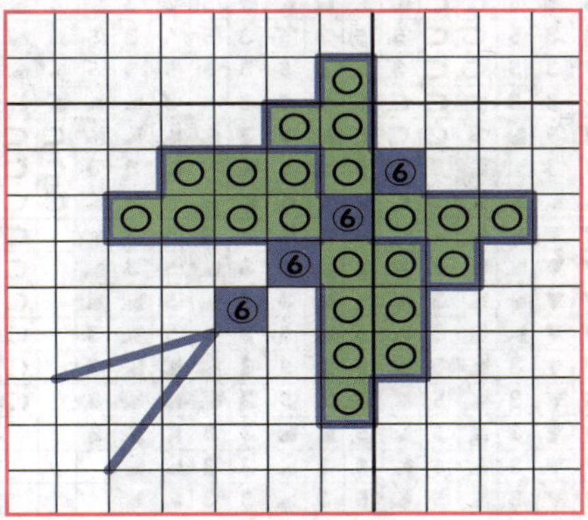

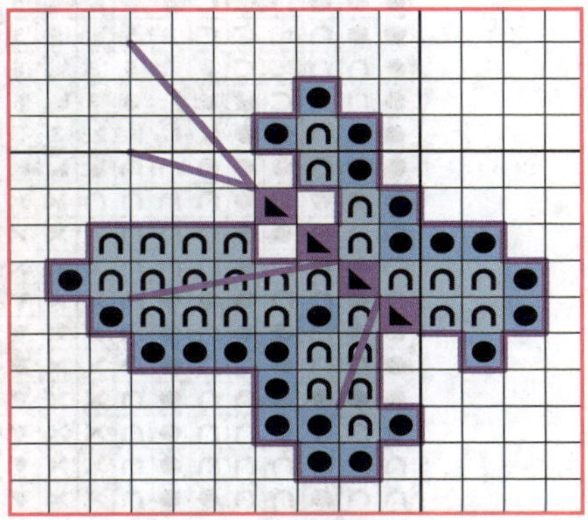

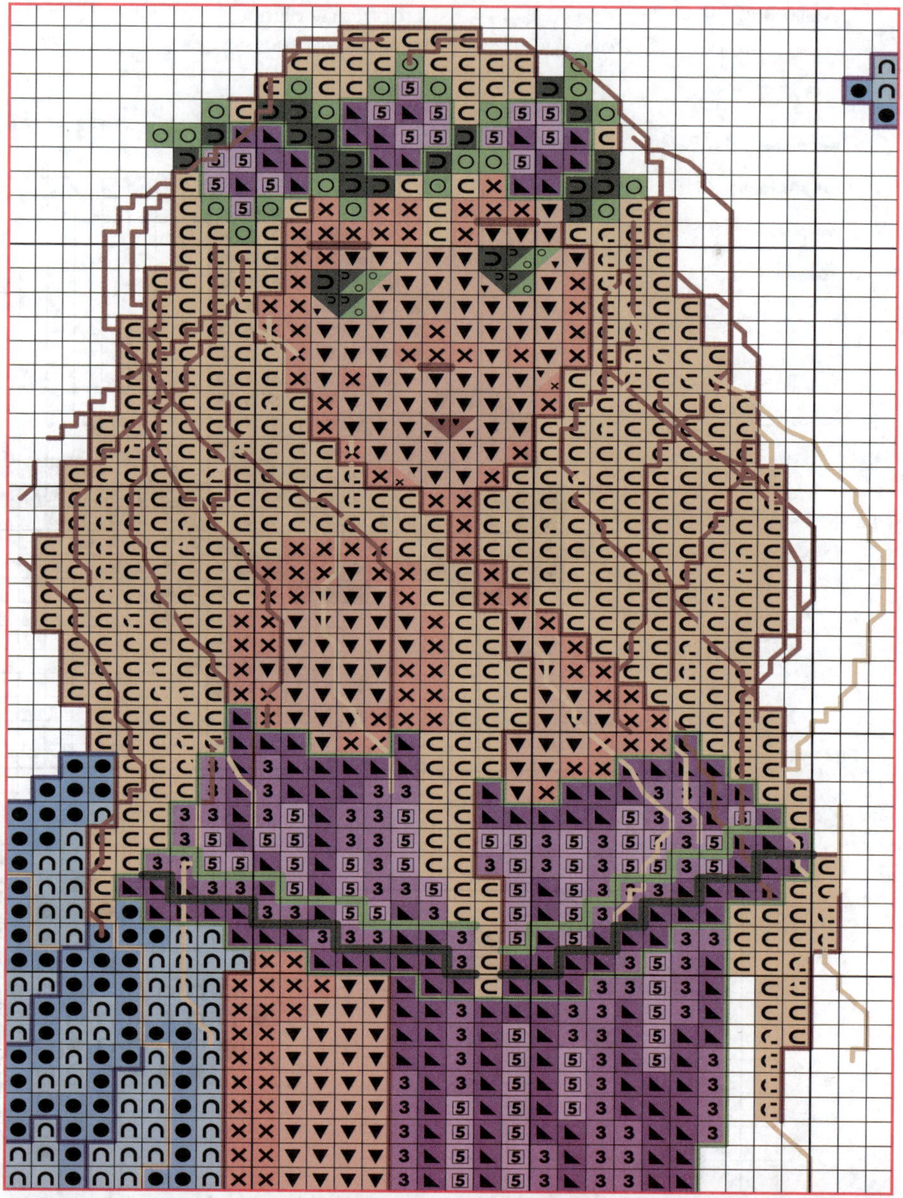

La ronde des fées

À l'allure de petites filles espiègles, ces trois jolies petites fées forment une ronde dans un cadre fleuri. Un beau tableau qui décorera joliment une chambre de petite fille.

Points de croix		Points arrière	
◆	742		742
▼	963		761
●	818		3708
◇	761		613
■	3708		809
□	613		798
○	703		
◺	163		
◢	809		
◢	798		

Toile Aïda 14 – 5,5 croix/cm – blanc
Toile Aïda 18 – 7 croix/cm – blanc
Schéma : 131 x 103 cases
Format : 23,77 x 18,69 cm

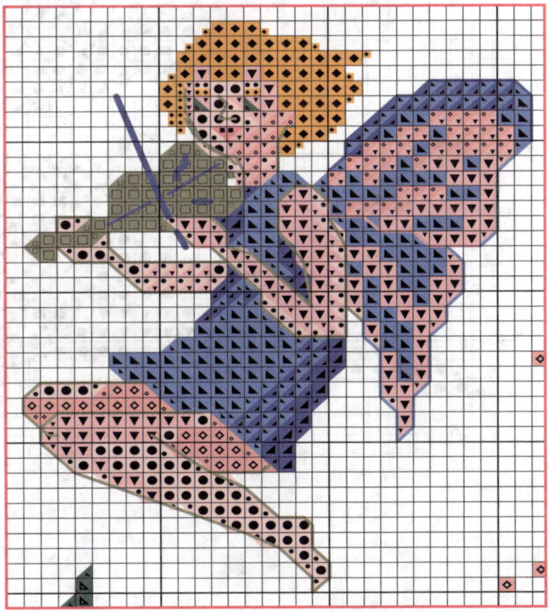

Abécédaire féerique

De petites fées liées chacune à une espèce de fleur : voilà un tableau qui ravira les amateurs de mondes féeriques. À broder tel quel ou avec votre nom.

Point de croix		Point arrière	
■	400	—	400
U	471	—	471
H	3770	—	826
W	3756	—	445
D	445	—	973
E	973	—	605
8	3078	—	604
⊥	605	—	470
L	3325	—	817
◒	604		
↑	470		
↓	817		

Toile Aïda 14 – 5,5 croix/cm – blanc
Toile Aïda 18 – 7 croix/cm – blanc
Schéma : 109 x 116 cases
Format : 19,78 x 21,05 cm

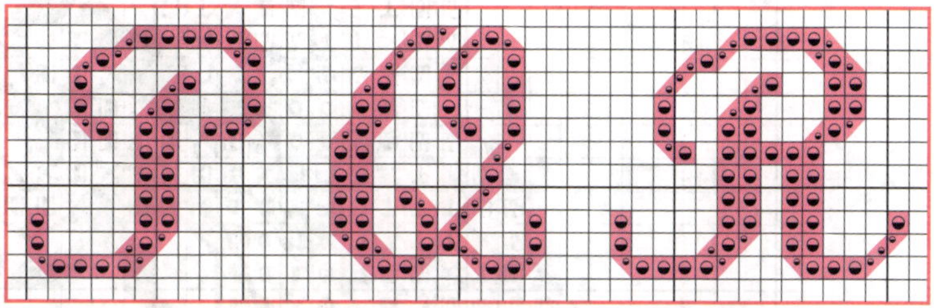

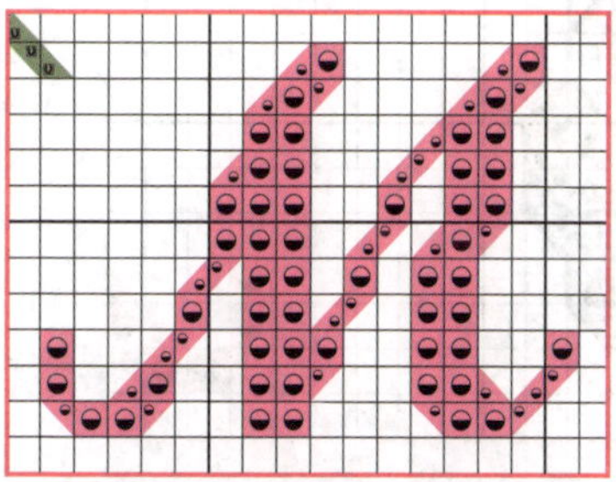

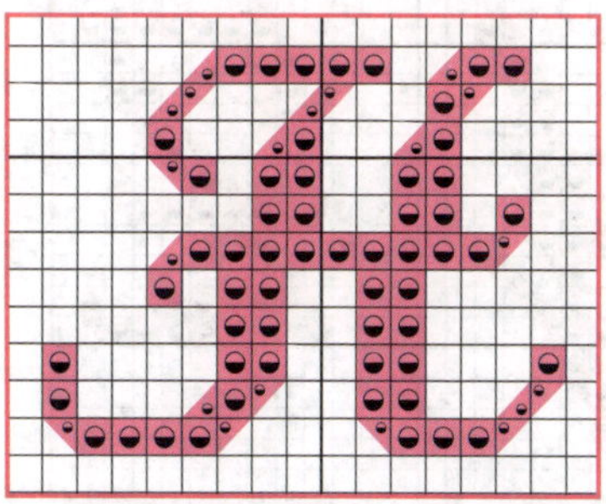

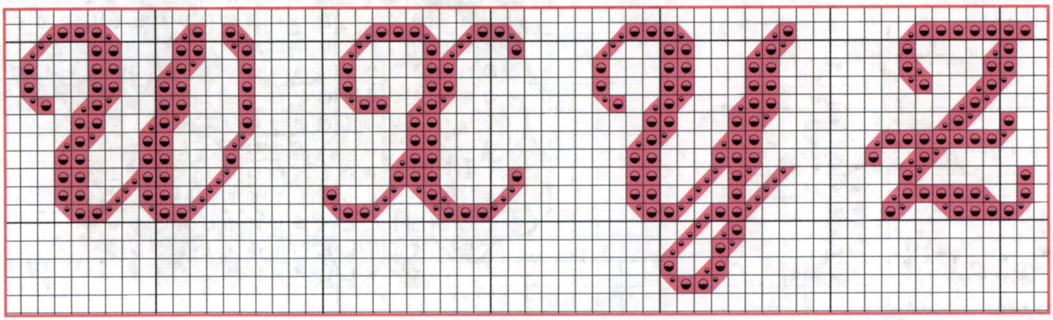

A B C D E F
G H I J
K L M N
O P Q R S
T U V
W X Y Z

Elfe des forêts

Joli elfe chasseur vêtu d'une tenue verte rappelant les tons de la forêt. Ce beau personnage sera idéalement brodé sur une veste de petite fille.

936	936
869	869
3346	3346
3347	3347
951	3772
945	676
3771	168
680	772
676	3722
772	
973	
445	

Toile Aïda 14 – 5,5 croix/cm – blanc
Toile Aïda 18 – 7 croix/cm – blanc
Schéma : 85 x 103 cases
Format : 15,42 x 18,69 cm

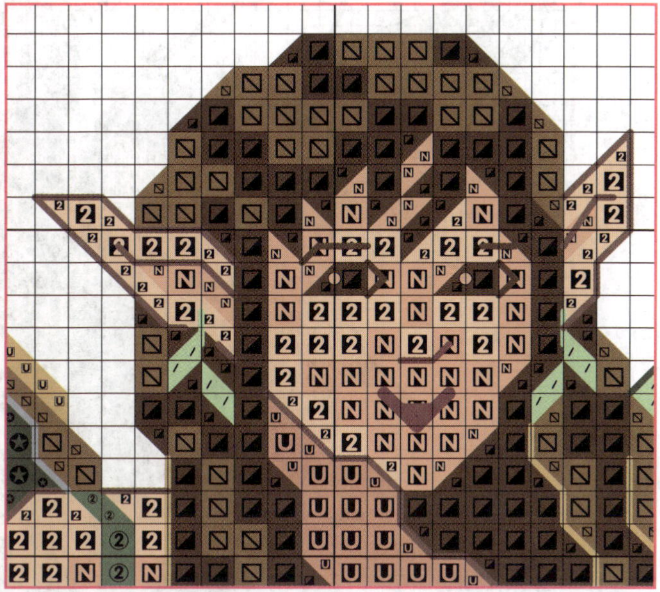

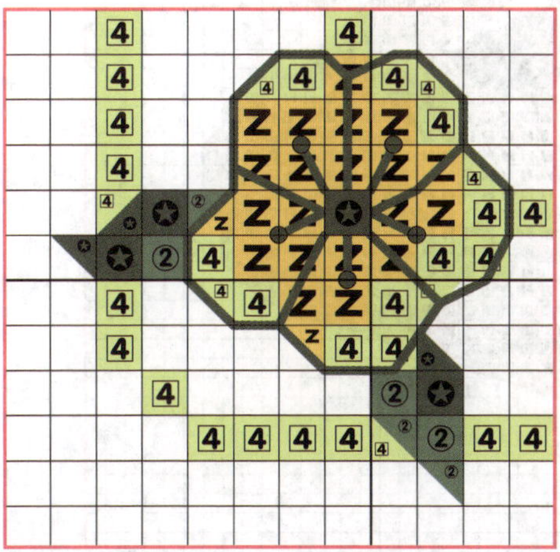

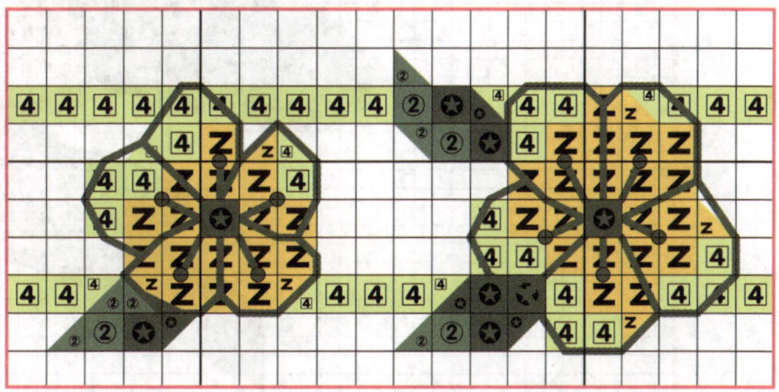

Abécédaire angélique

Deux petites fées veillent sur cet abécédaire rose, pour le plus grand bonheur des parents. À offrir à un nouveau-né…

800
799
976
3827
743
818
3689
957
3819
471

799
976
3827
743
818
3689
957

Toile Aïda 14 – 5,5 croix/cm – blanc
Toile Aïda 18 – 7 croix/cm – blanc
Schéma : 98 x 126 cases
Format : 17,78 x 22,86 cm

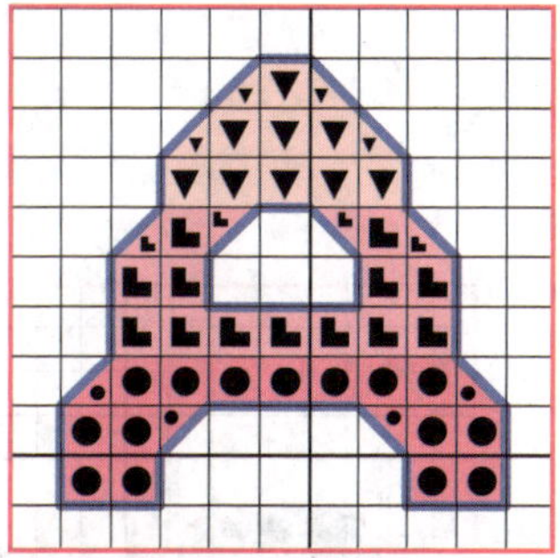

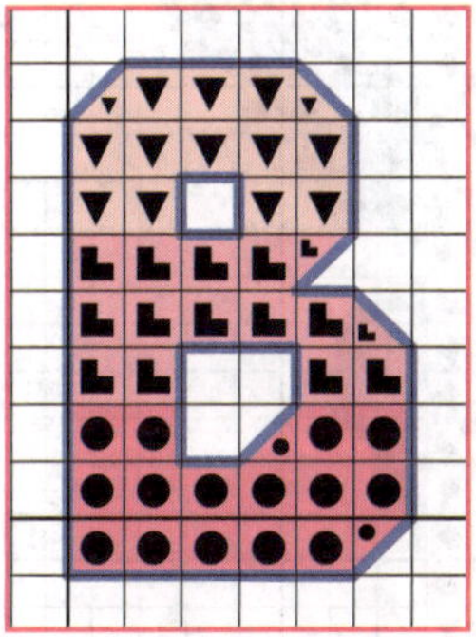

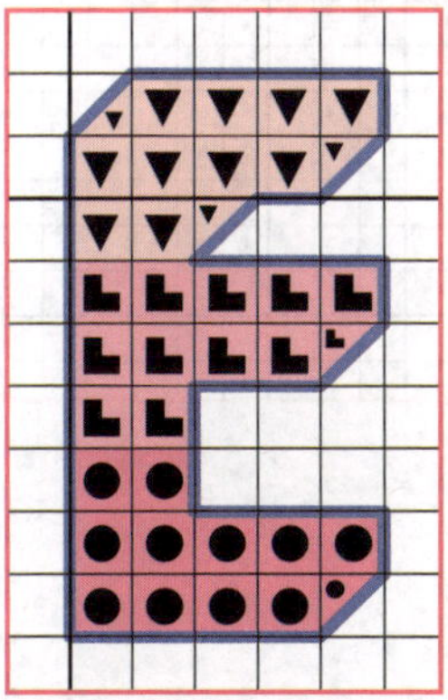

ABC
DEFG
HIJKLM
NOPQR
STUVW
XYZ

Elfe floral

Cette toile est à broder par les amoureux des fées et des jolies fleurs. Ces motifs peuvent être utilisés séparément.

334	420
3840	334
761	905
3756	310
951	
907	
727	
3733	
905	
945	
310	
818	
444	

Toile Aïda 14 – 5,5 croix/cm – blanc
Toile Aïda 18 – 7 croix/cm – blanc
Schéma : 109 x 110 cases
Format : 19,78 x 19,96 cm

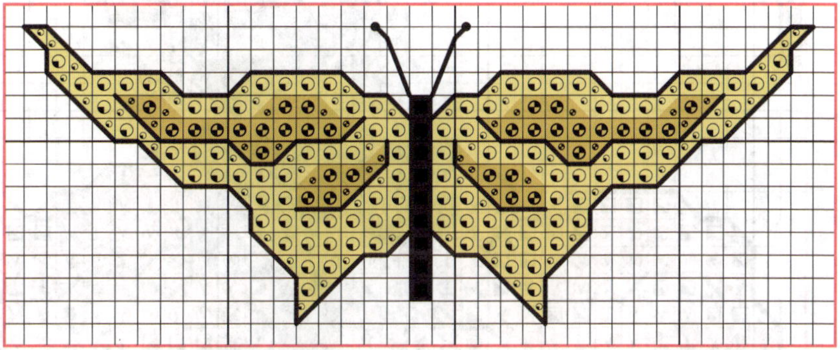

Fée nature

Voici une jolie fée sur sa balançoire ! Elle sera magnifique sur un coussin de salon ou un plaid à poser sur un lit.

909	909
912	912
3608	3608
563	754
955	3776
437	951
754	
3689	
3776	
951	

Toile Aïda 14 – 5,5 croix/cm – blanc
Toile Aïda 18 – 7 croix/cm – blanc
Schéma : 76 x 131 cases
Format : 13,79 x 23,77 cm

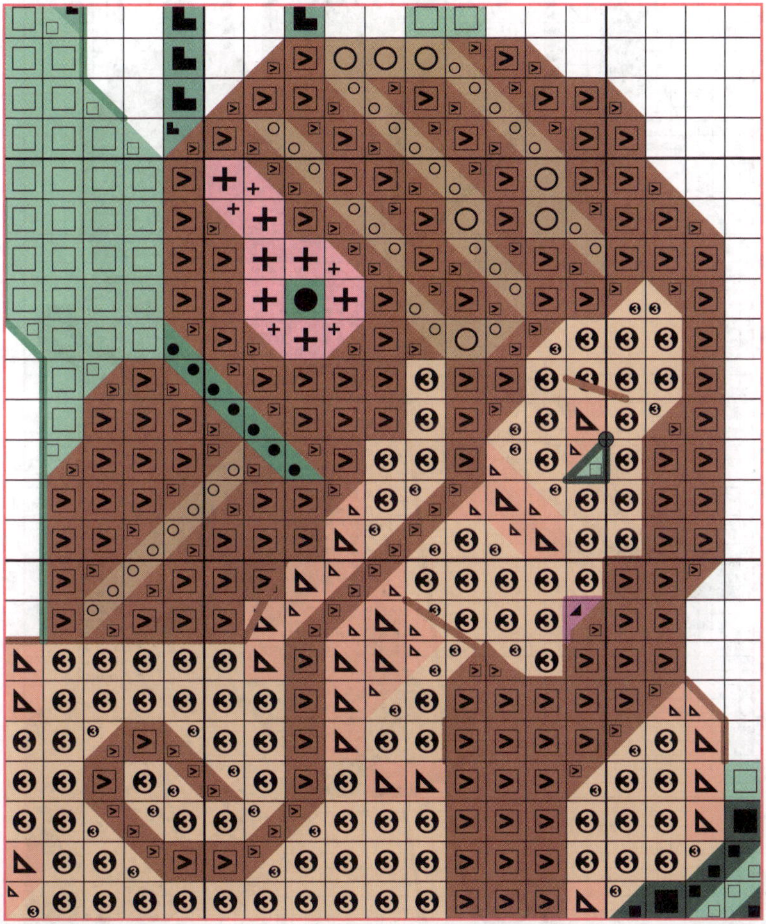

Joli petit elfe

Quel bel elfe aux couleurs si chaudes ! Ce joli personnage dépose des fleurs partout sur le chemin ! Utilisez cette toile comme bon vous semblera !

Points de croix		Traits
909		909
742		742
606		996
996		445
445		740
740		307
704		
945		
951		
307		
905		

Toile Aïda 14 – 5,5 croix/cm – blanc
Toile Aïda 18 – 7 croix/cm – blanc
Schéma : 82 x 91 cases
Format : 14,88 x 16,51 cm

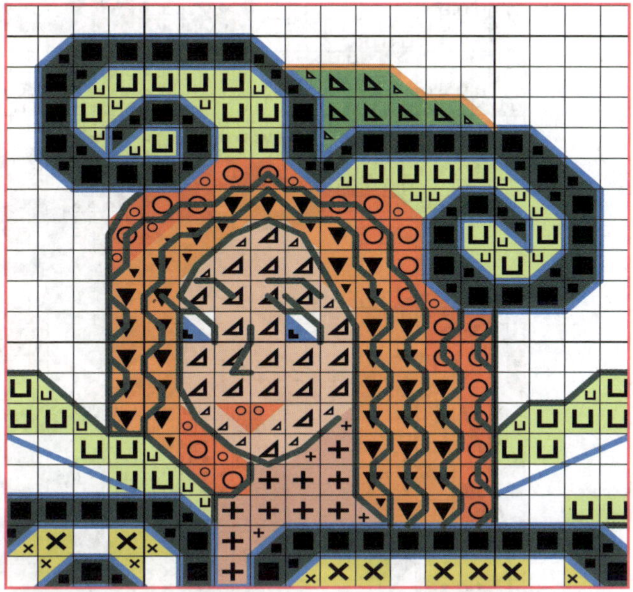

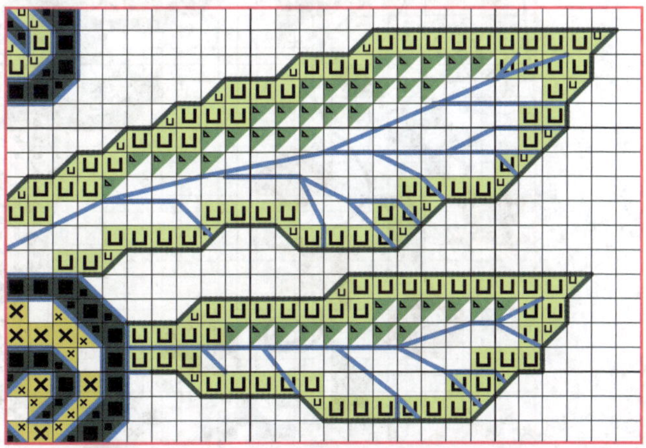

Jolies petites fées

Rose = Violet
Rose foncé = Rose

Quatre fées sur une seule et même toile ? Oui, quatre fées toutes différentes, qui sauront trouver leur place dans votre intérieur.

761	209
211	943
209	564
943	3755
564	3688
3755	310
828	738
3688	3778
3045	
951	
3770	
819	

Toile Aïda 14 – 5,5 croix/cm – blanc
Toile Aïda 18 – 7 croix/cm – blanc
Schéma : 99 x 127 cases
Format : 17,96 x 23,04 cm

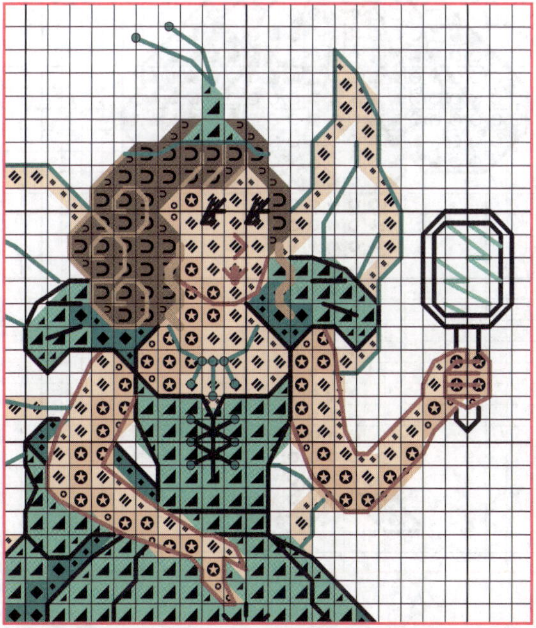

L'alphabet des fées

Chaque élément de la toile peut être brodé séparément, alors n'hésitez plus ! Il est possible de broder le prénom d'une petite fille, par exemple, et de l'orner d'une petite fée.

Symbole	Couleur	Trait	Couleur
◆	993	—	993
⊙	437	—	310
♥	951	—	3772
#	964	—	893
○	747	—	445
⧓	893		
▙	894		
▼	445		

Toile Aïda 14 – 5,5 pts/cm – blanc
Toile Aïda 18 – 7 pts/cm – blanc
Schéma : 96 x 76 cases
Format : 17,42 x 13,79 cm

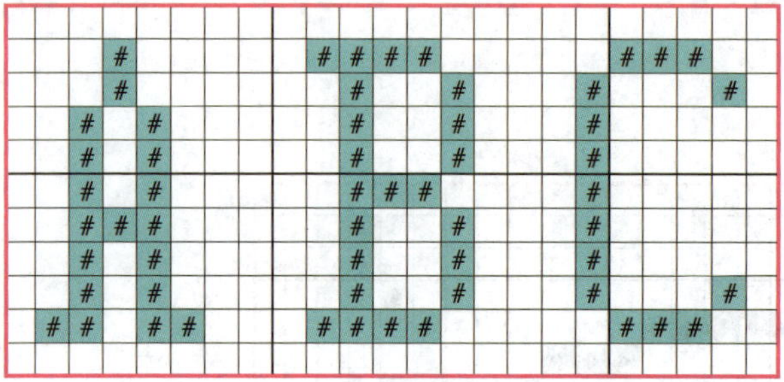

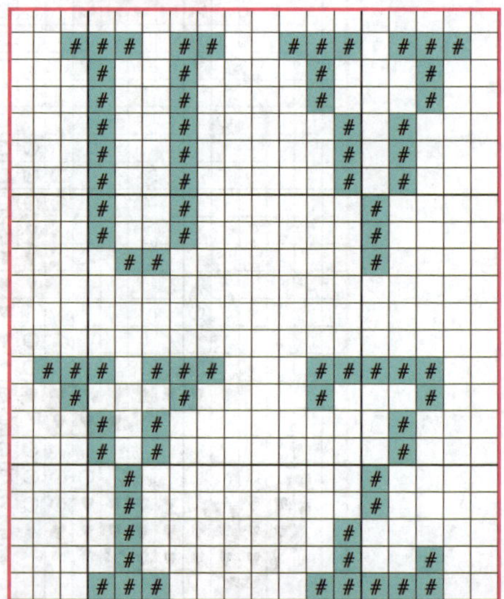

ABCD
EFGH
IJKLMNO
PQR
STUV
WXYZ

L'apprentie

Apprendre la magie de la nature ne se fait pas en un jour… Cette toile, avec un beau cadre bleu ciel, sera parfaite dans la chambre de bébé.

L'apprentie

Apprendre la magie de la nature ne se fait pas en un jour… Cette toile, avec un beau cadre bleu ciel, sera parfaite dans la chambre de bébé.

Symbol	DMC
×	741
#	945
·	800
Z	951
♥	3756
○	340
◆	3746
⌟	320
∩	962
⋈	3716

Ligne	DMC
—	945
—	800
—	340
—	320
—	962

Toile Aïda 14 – 5,5 pts/cm – blanc
Toile Aïda 18 – 7 pts/cm – blanc
Schéma : 78 x 98 cases
Format : 14,15 x 17,78 cm

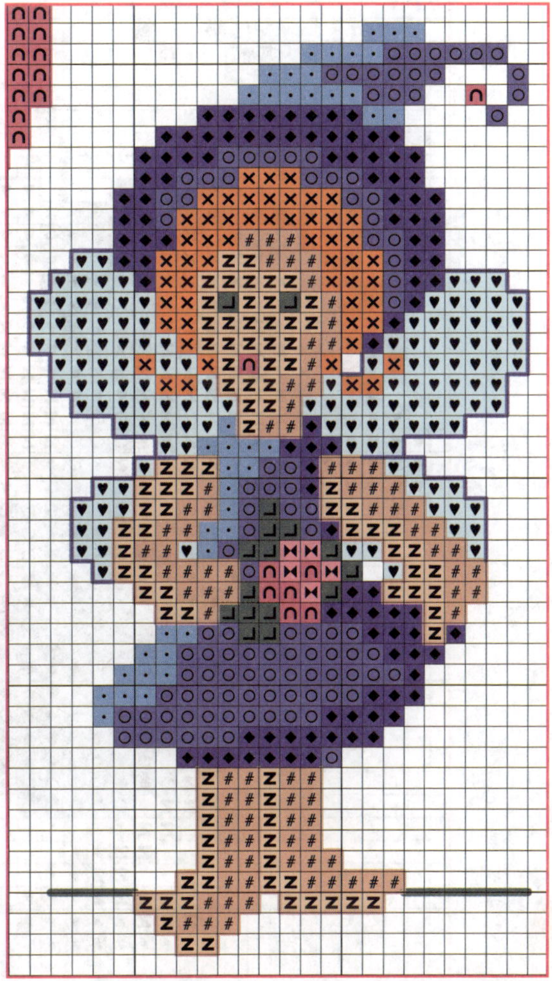

Dans les étoiles

Une fée ailée sur un croissant de lune, la tête dans les étoiles. Pour que les nuits de votre bout de chou soient calmes et agréables, brodez ce motif sur son drap.

X	340
⊙	341
♥	3747
◪	444
6	3863
J	307
P	3756
T	963
P	3820

▬	310
▬	3863
▬	3820

Toile Aïda 14 – 5,5 pts/cm – blanc
Toile Aïda 18 – 7 pts/cm – blanc
Schéma : 76 x 96 cases
Format : 13,79 x 17,42 cm

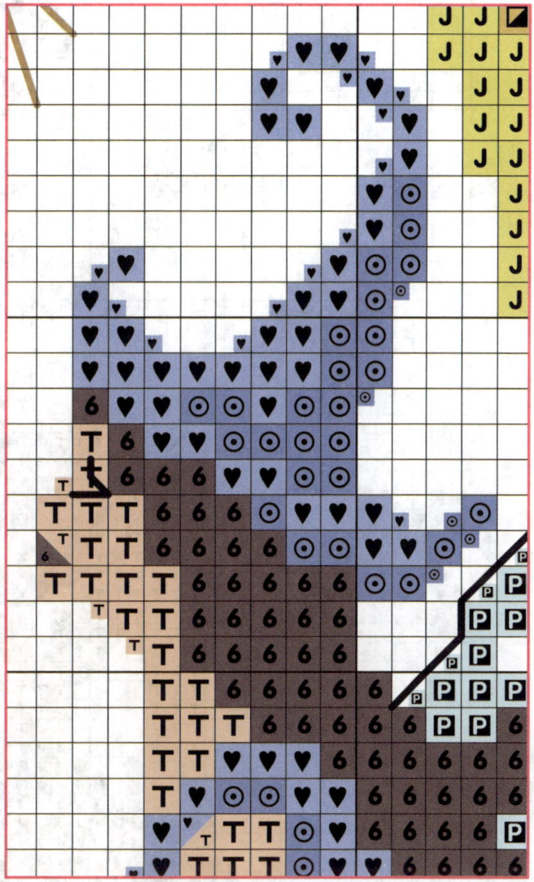

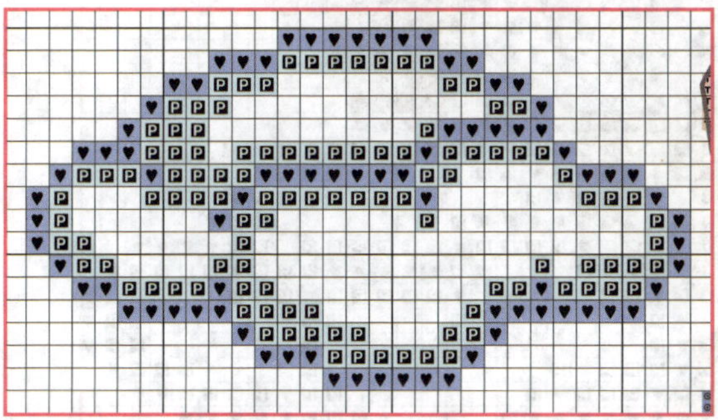

Abécédaire coloré

Un bel abécédaire coloré qui fera fureur dans la chambre d'une petite fille… ou d'une grande fille ! Il n'y a pas d'âge pour aimer les fées !

■	3857
▼	907
◆	3846
◺	350
+	3806
▽	973
♥	945
7	155
— (vert)	907
— (bleu)	3846
— (rouge)	350
— (rose)	3806

Toile Aïda 14 – 5,5 pts/cm – blanc
Toile Aïda 18 – 7 pts/cm – blanc
Schéma : 98 x 78 cases
Format : 17,78 x 14,15 cm

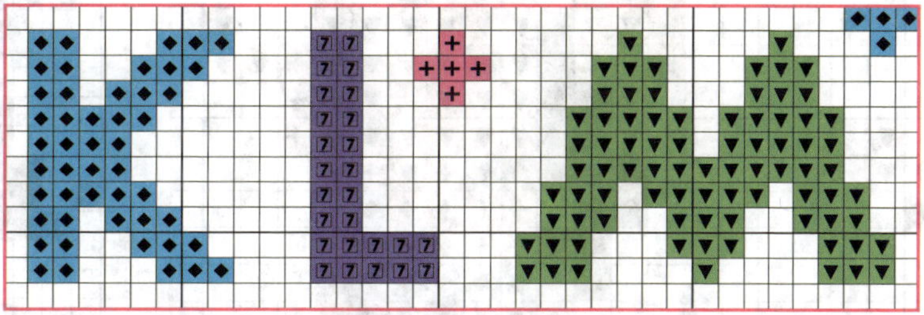

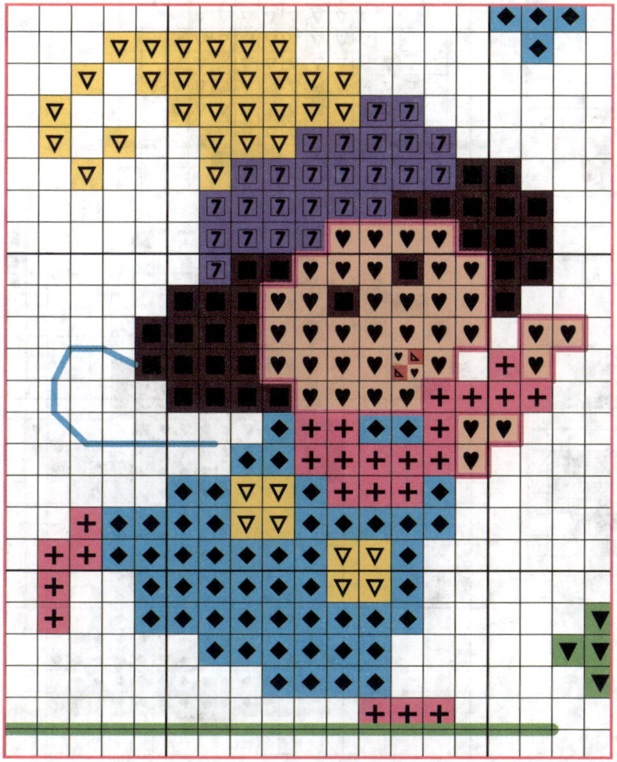

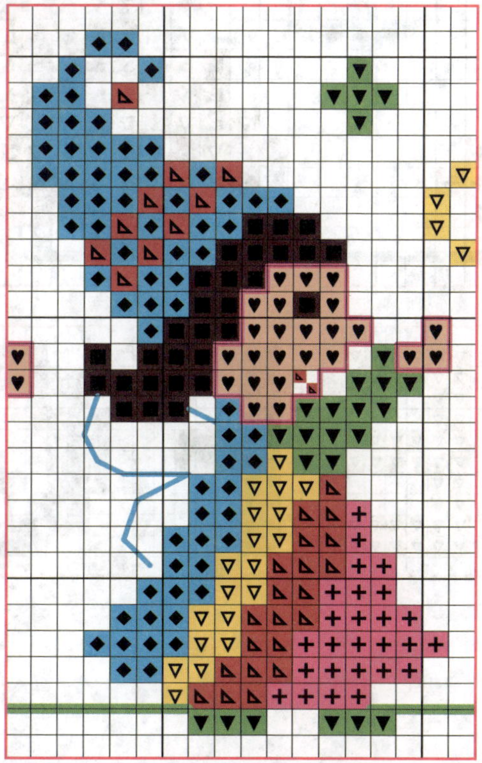

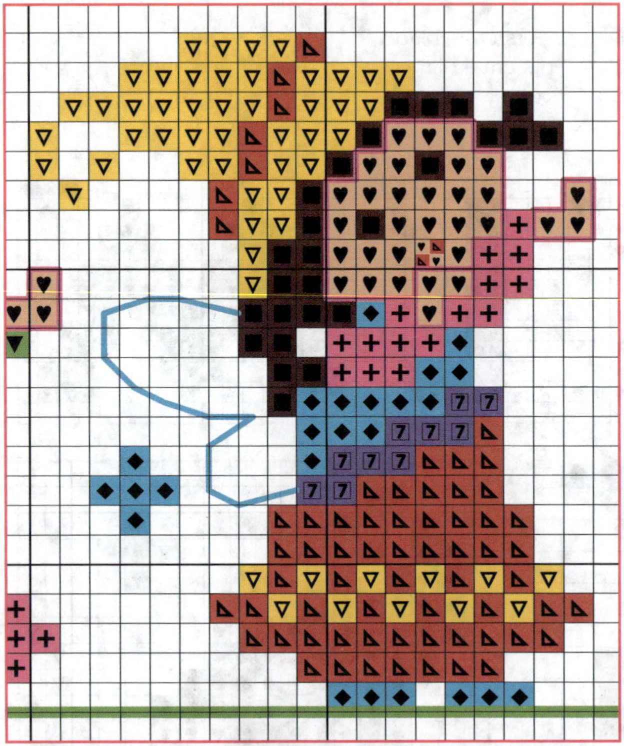

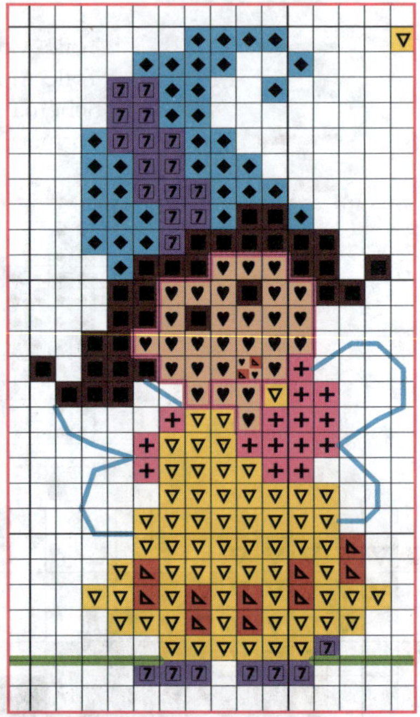

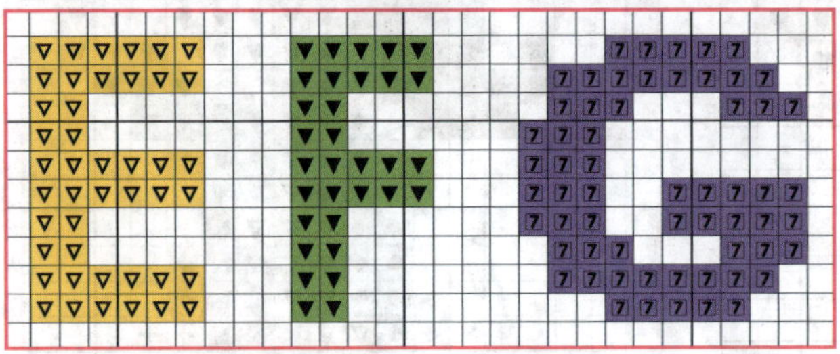

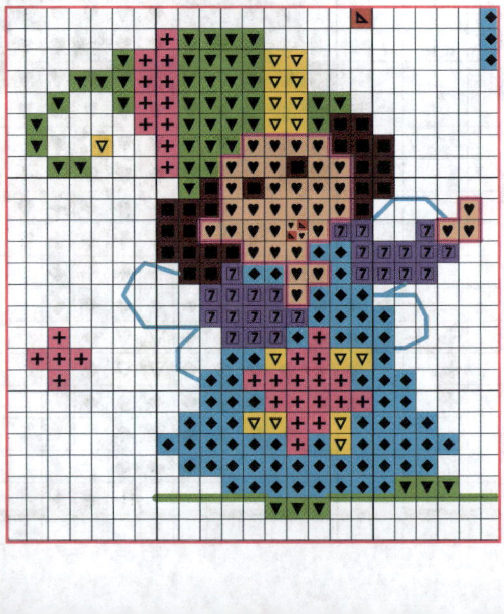

Au jardin

Chaque fée a sa préférence. Avec ces quatre motifs, vous pouvez égayer votre linge de cuisine ou votre tablier de jardin.

◆	907	—	907
▽	666	—	666
9	3828	—	310
5	738	—	3828
V	3770	—	741
3	741	—	947
=	947	—	3761
<	3761	—	973
•	973		

Toile Aïda 14 – 5,5 pts/cm – blanc
Toile Aïda 18 – 7 pts/cm – blanc
Schéma : 78 x 98 cases
Format : 14,15 x 17,78 cm

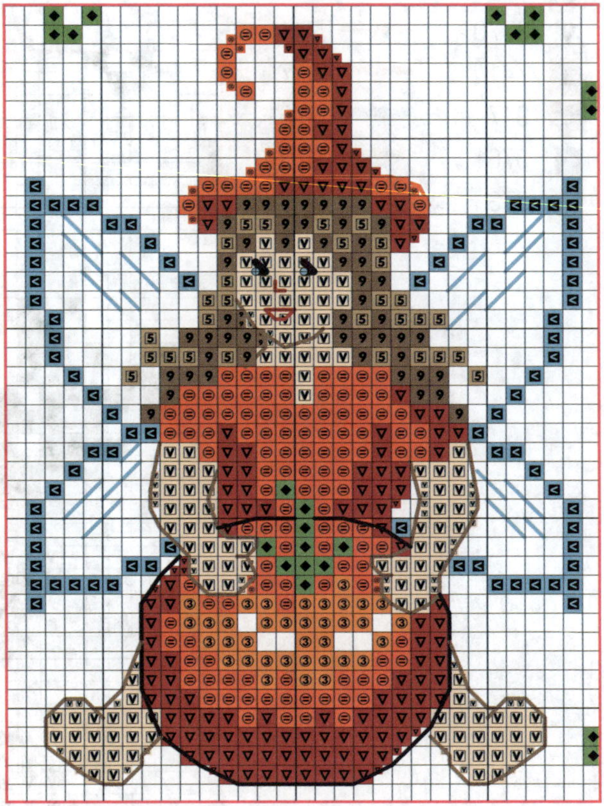

L'amour féerique

Voici une toile parfaite pour la Saint-Valentin ! Pourquoi ne pas agrémenter votre décoration de table du 14 février de quelques motifs ?

Points	Contours
730	730
951	973
747	3716
973	3806
972	907
3716	3804
3806	
906	
907	
3804	

Toile Aïda 14 – 5,5 pts/cm – blanc
Toile Aïda 18 – 7 pts/cm – blanc
Schéma : 76 x 76 cases
Format : 13,79 x 13,79 cm

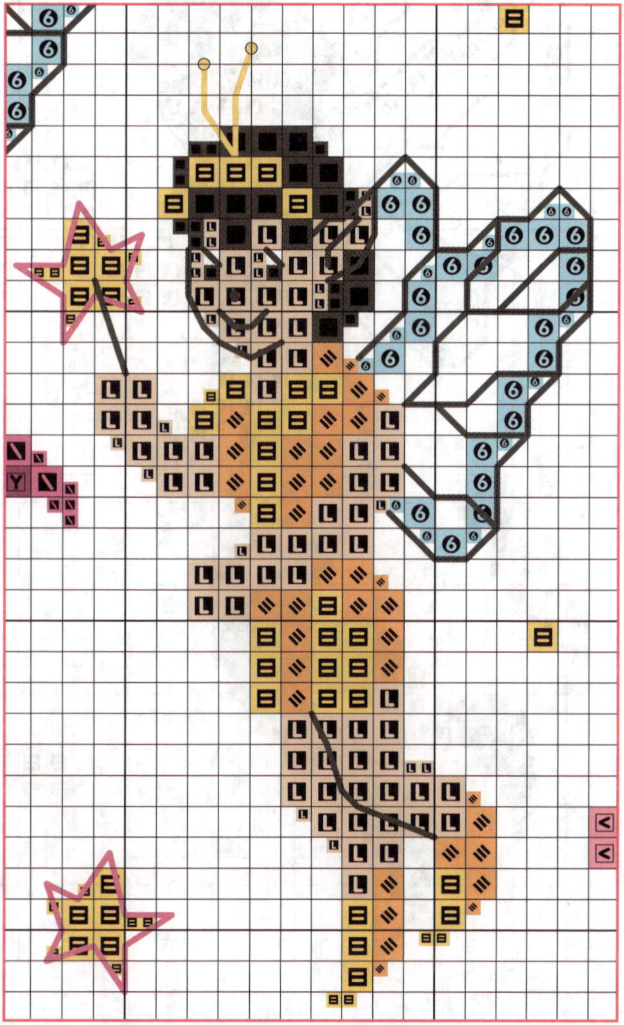

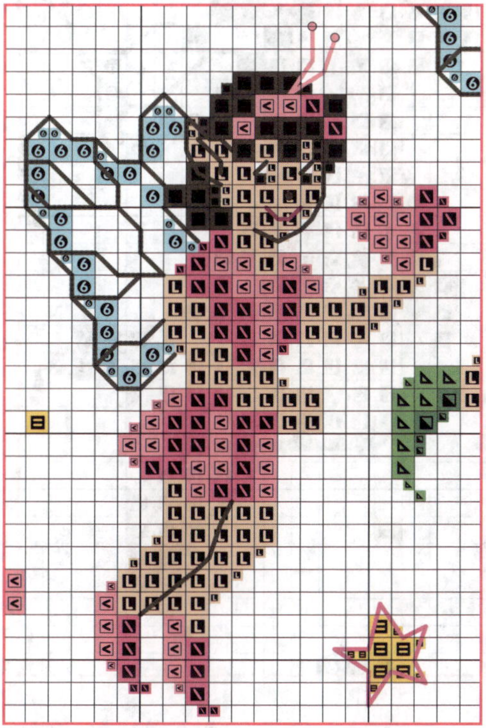

Monde de fées

Vous pouvez utiliser ces motifs sur différents supports. Papillons, fées, fleurs ou champignon trouveront forcément leur place chez vous.

951	310
310	420
420	433
433	702
702	704
704	813
738	3325
813	973
3325	
973	

Toile Aïda 14 – 5,5 pts/cm – blanc
Toile Aïda 18 – 7 pts/cm – blanc
Schéma : 76 x 96 cases
Format : 13,79 x 17,42 cm

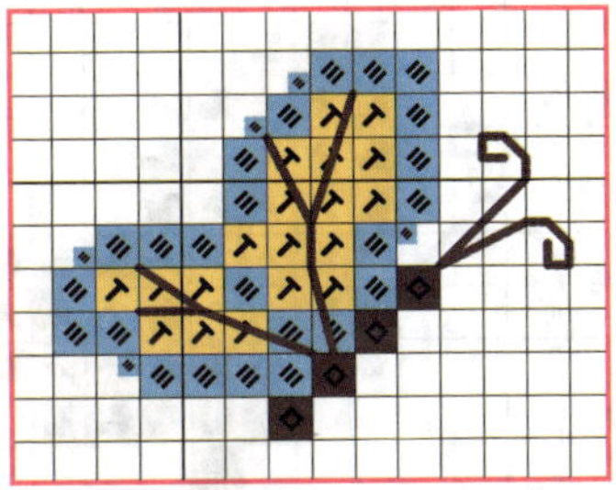

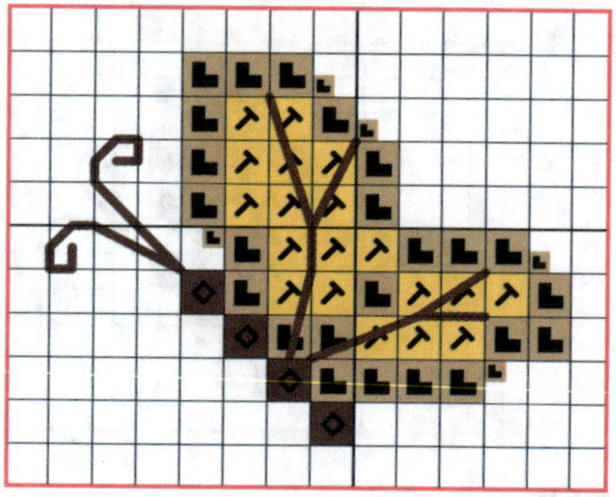

Maison champignon

Avec cette toile, vous pouvez rendre votre table plus jolie. Une fois ce motif brodé au centre d'une nappe en lin, vous épaterez vos amis.

907	310
310	666
666	976
608	676
677	3708
976	3325
676	
906	
3708	
3325	

Toile Aïda 14 – 5,5 pts/cm – blanc
Toile Aïda 18 – 7 pts/cm – blanc
Schéma : 76 x 96 cases
Format : 13,79 x 17,42 cm

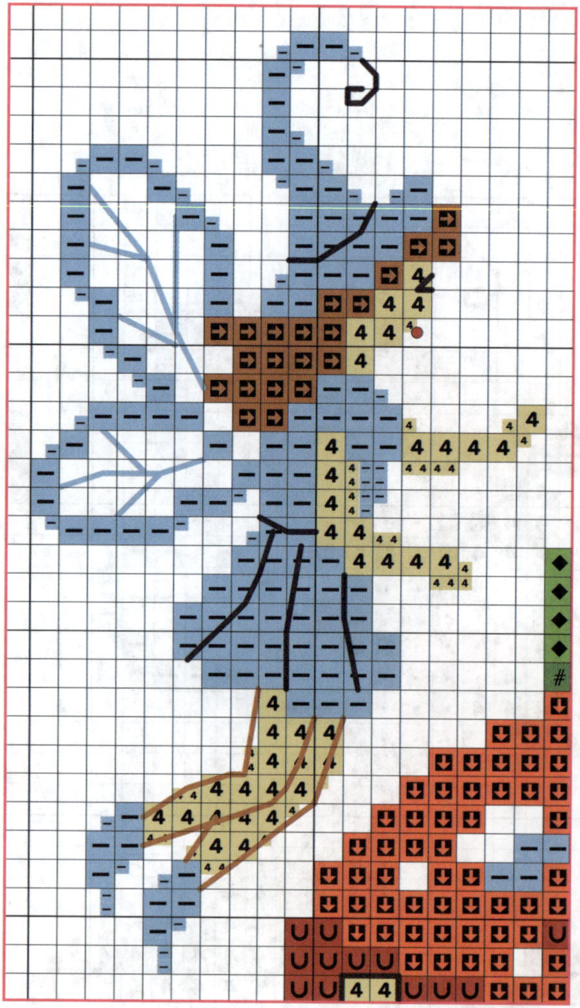

Gourmande

Profitez de tous les motifs de cette toile pour rendre l'heure du thé encore plus douce. Utilisez la frise sur des sets ou encore la théière sur une serviette.

⊃	973
Ⓣ	951
■	3820
A	3716
6	961
\	844
\	907
○	700
6	995

—	973
—	3820
—	3716
—	961
—	844
—	907
—	700
—	995

Toile Aïda 14 – 5,5 pts/cm – blanc
Toile Aïda 18 – 7 pts/cm – blanc
Schéma : 75 x 94 cases
Format : 13,61 x 17,05 cm

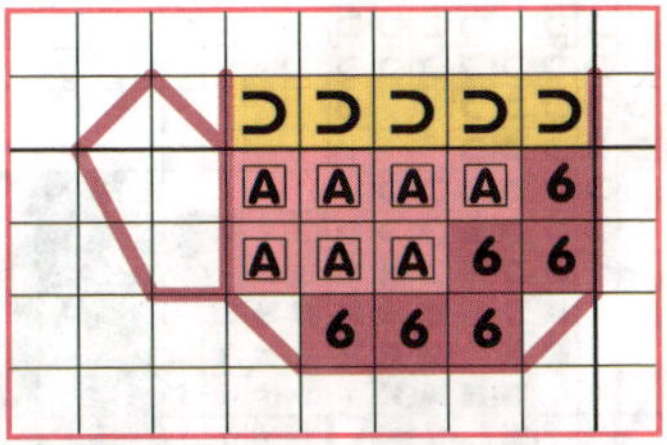

Fée des fleurs

Avec sa baguette magique, la petite fée fait pousser les fleurs. Pour égayer votre maison en hiver, brodez ces fleurs colorées un peu partout !

◢	973
▽	433
◿	702
✕	961
⊙	782
⋈	3708
♥	445
#	951
⧗	164

—	433
—	961
—	782
—	310

Toile Aïda 14 – 5,5 pts/cm – blanc
Toile Aïda 18 – 7 pts/cm – blanc
Schéma : 76 x 96 cases
Format : 13,79 x 17,42 cm

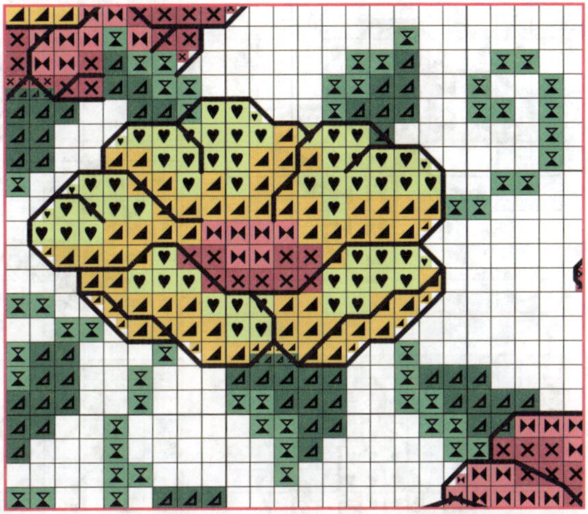

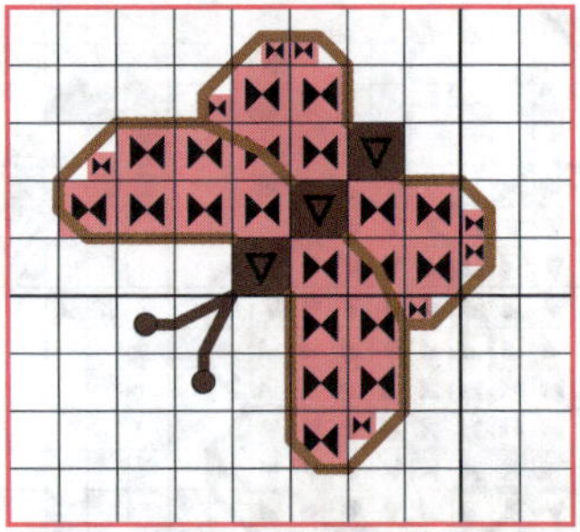

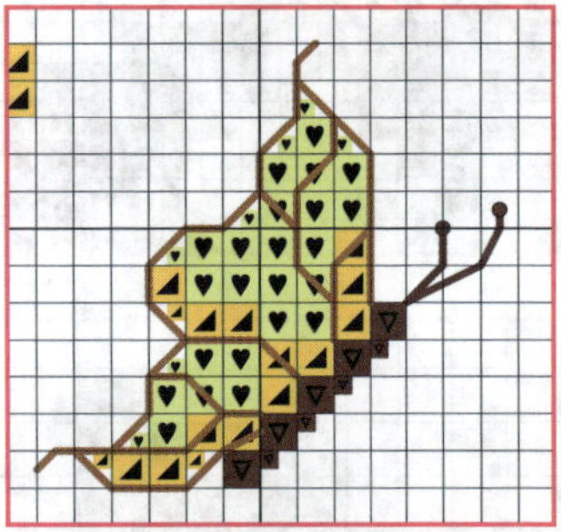

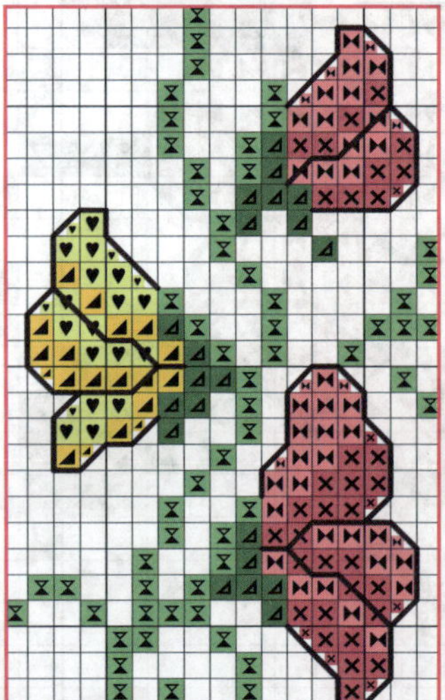

Anniversaire féerique

Quel bonheur pour les enfants de fêter leur anniversaire ! Vous pouvez décorer votre table à cette occasion avec quelques-uns des motifs ci-dessous.

801
995
907
600
604
972
307
3761
677
701

801
995
600
972

Toile Aïda 14 – 5,5 pts/cm – blanc
Toile Aïda 18 – 7 pts/cm – blanc
Schéma : 76 x 75 cases
Format : 13,79 x 13,61 cm

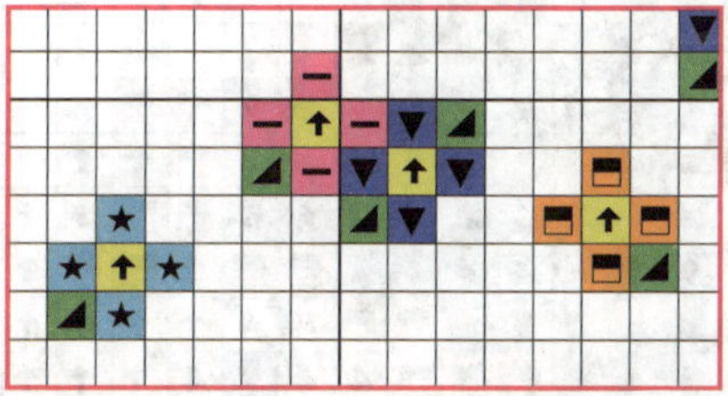

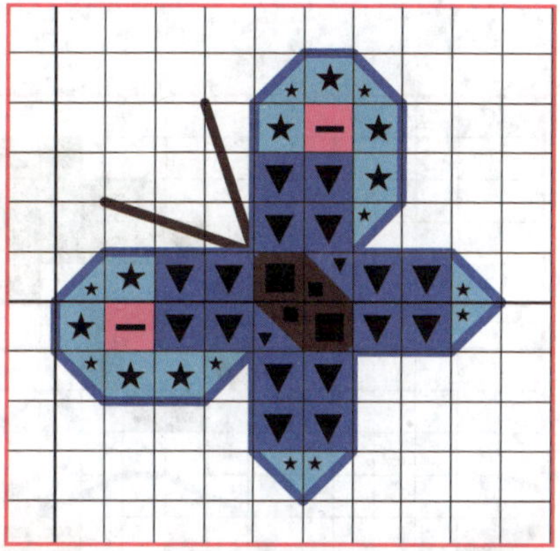

L'heure de dormir

Quoi de plus beau qu'un enfant qui dort paisiblement… Et si ce dernier a des ailes, son voyage au pays des rêves n'en sera que plus aisé !

○	435	—	435
✕	758	—	809
Y	543	—	307
♥	809	—	602
Z	307		
⧗	3747		
⧗	602		

Toile Aïda 14 – 5,5 pts/cm – blanc
Toile Aïda 18 – 7 pts/cm – blanc
Schéma : 98 x 78 cases
Format : 17,78 x 14,15 cm

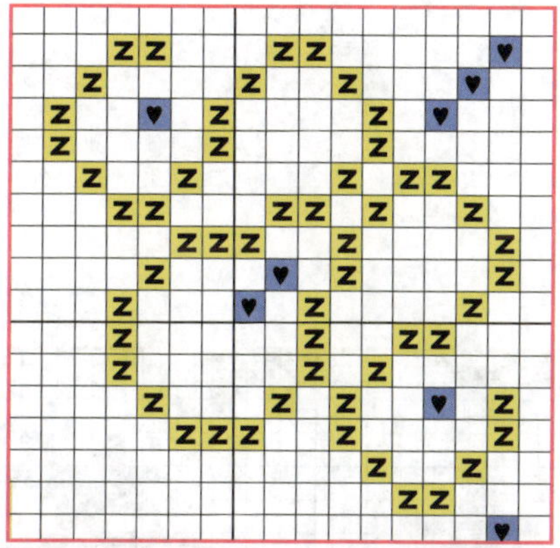

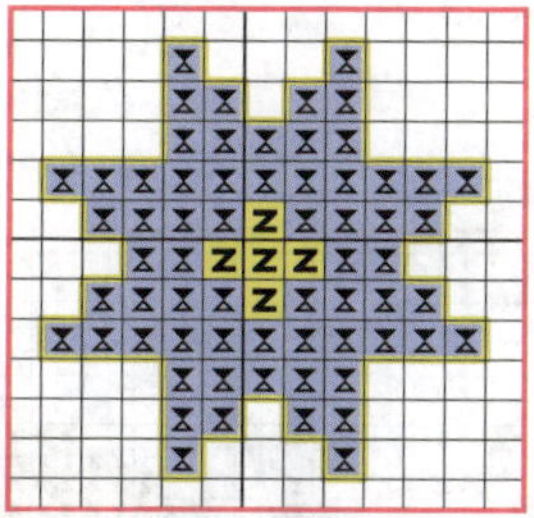

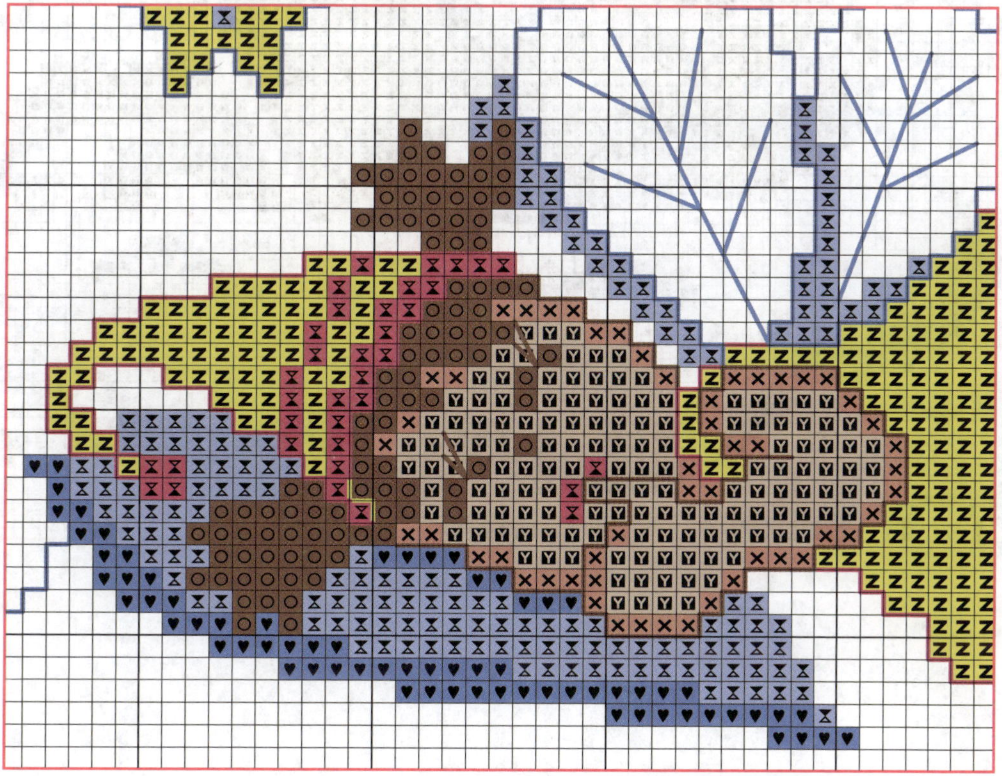

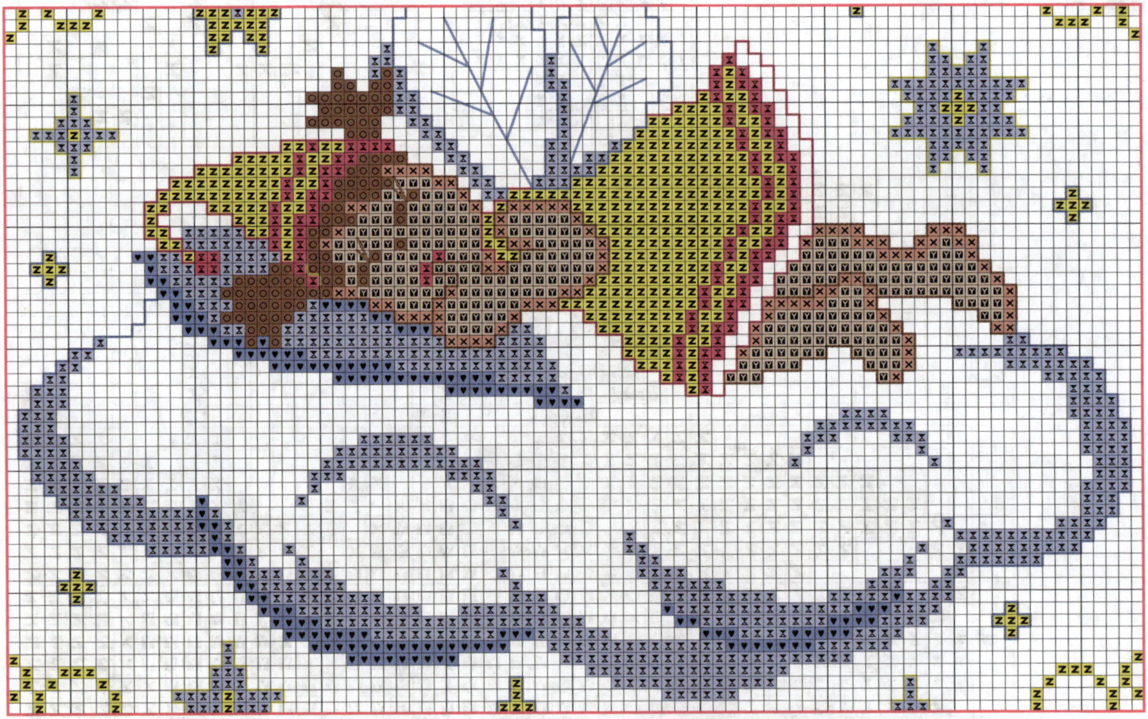

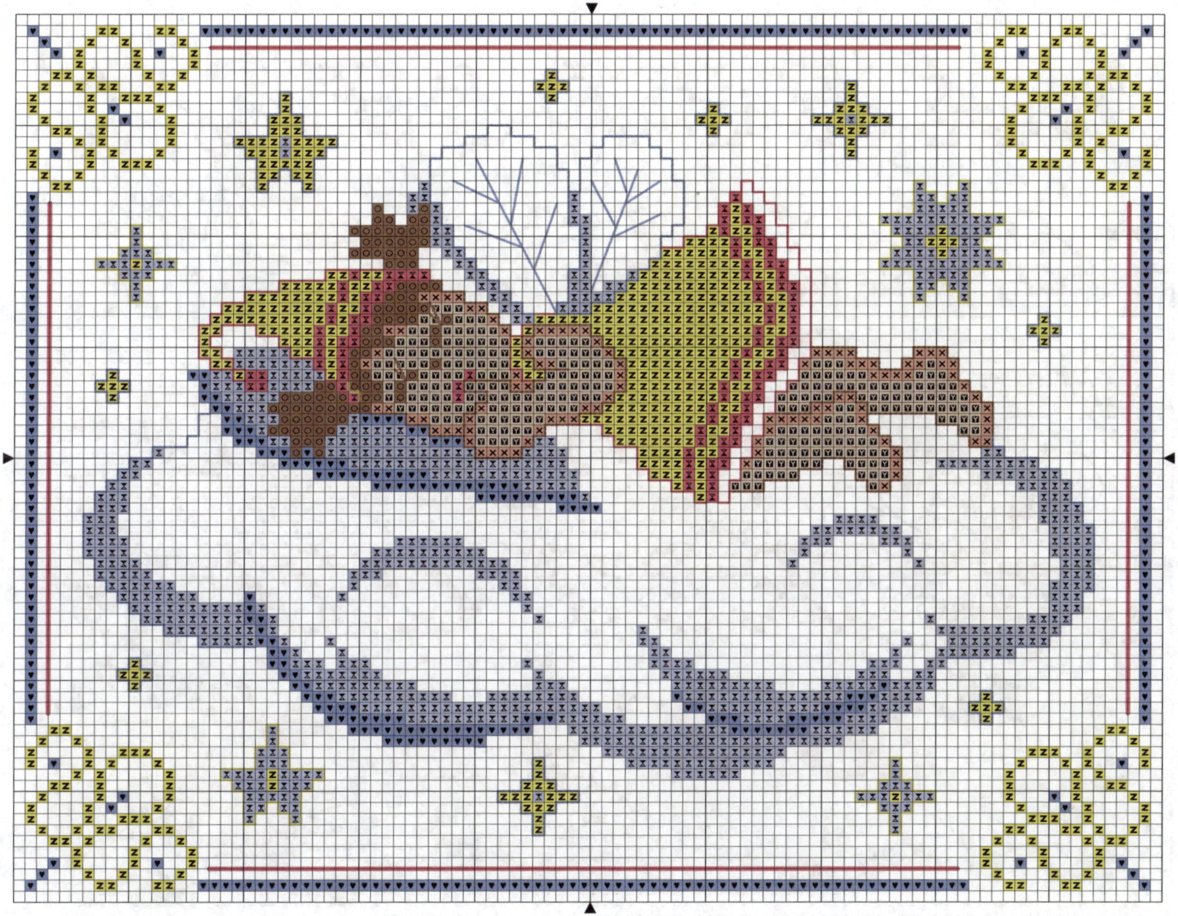

Lettres malicieuses

Un bel abécédaire à broder pour une chambre d'enfant ! Vous pouvez aussi utiliser les lettres pour un monogramme.

Symbole		Trait	
⊃	445	—	445
T	951	—	844
\	844	—	700
O	700	—	995
6	995	—	970
Z	970	—	3846
◣	3846	—	973
⋏	973	—	907
<	961		
4	907		

Toile Aïda 14 – 5,5 pts/cm – blanc
Toile Aïda 18 – 7 pts/cm – blanc
Schéma : 95 x 76 cases
Format : 17,24 x 13,79 cm

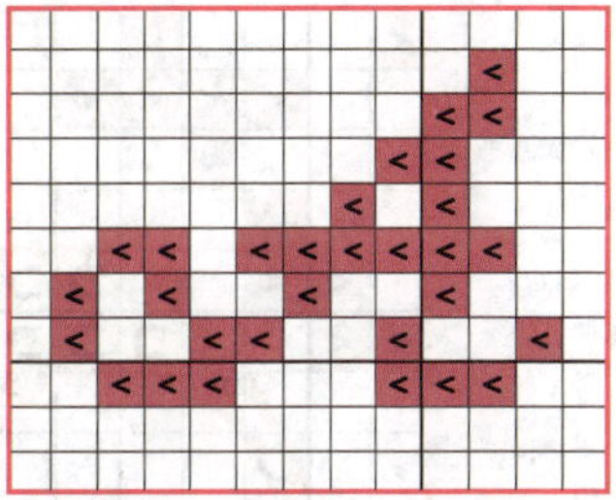

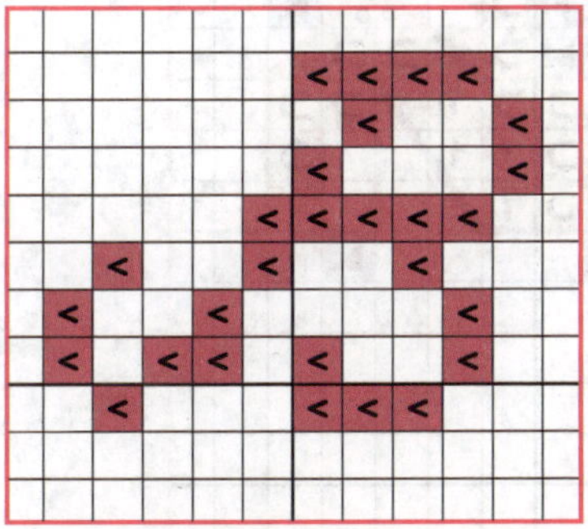

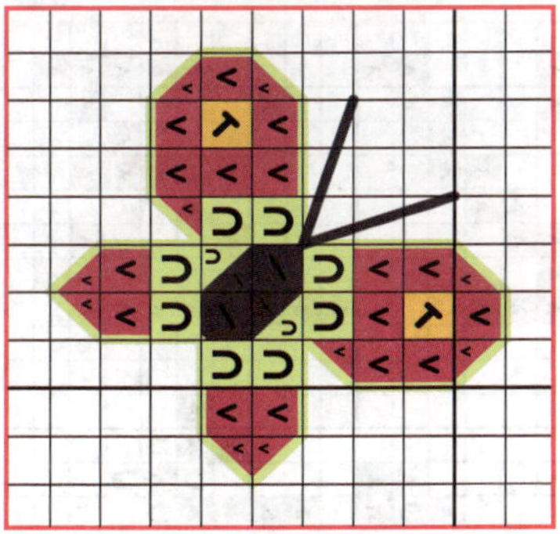

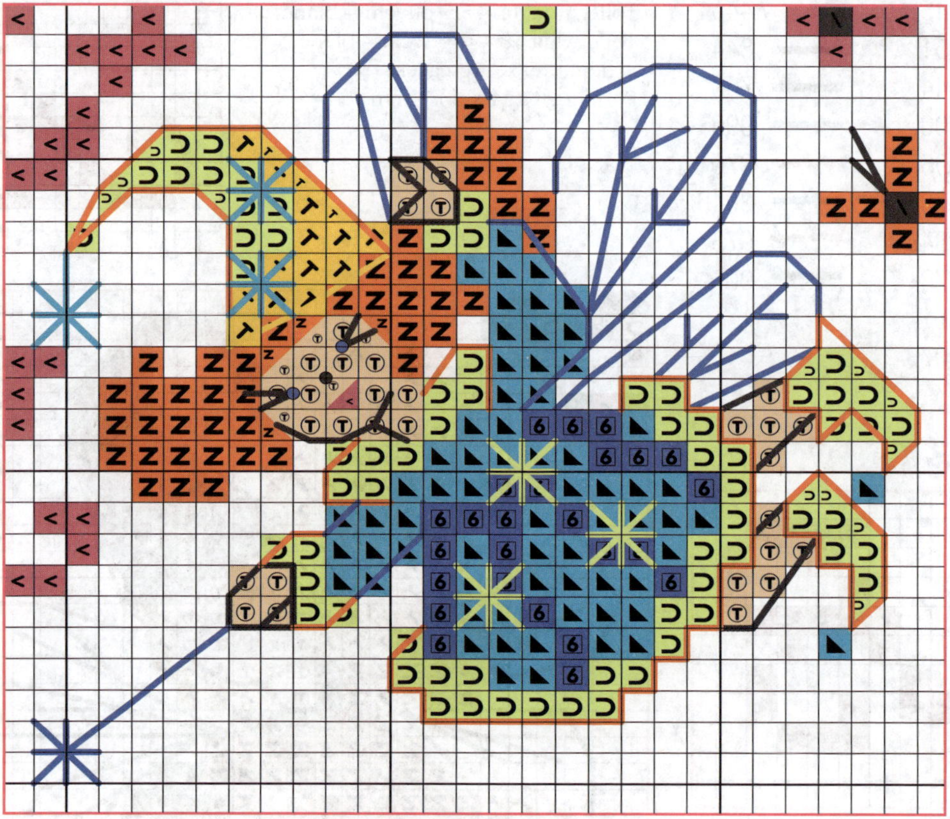

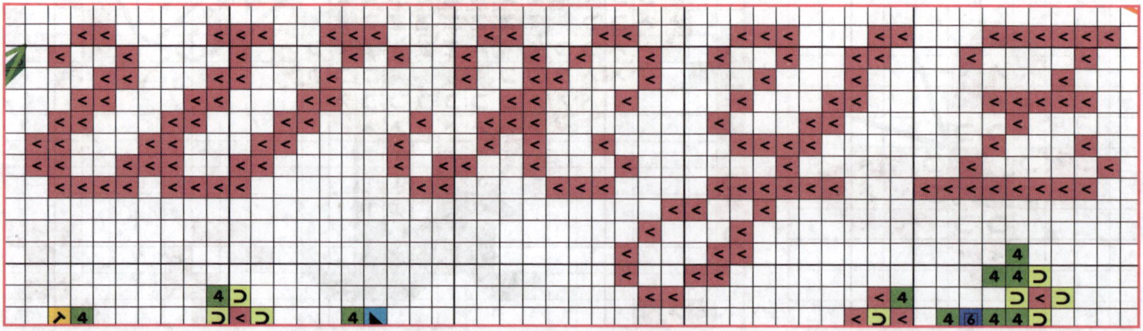

Alphabet de la forêt

Une maison composée de bois et de fleurs magiques, entourée de lettres plus belles les unes que les autres, voici un endroit féerique !

Point de croix		Point arrière	
Z	905	—	905
⊃	973	—	973
→	907	—	907
Ⓣ	951	—	951
■	3820	—	892
6	892	—	894
<	894	—	995
[6]	972	—	400
\	995		
\	400		

Toile Aïda 14 – 5,5 pts/cm – blanc
Toile Aïda 18 – 7 pts/cm – blanc
Schéma : 75 x 75 cases
Format : 13,61 x 13,61 cm

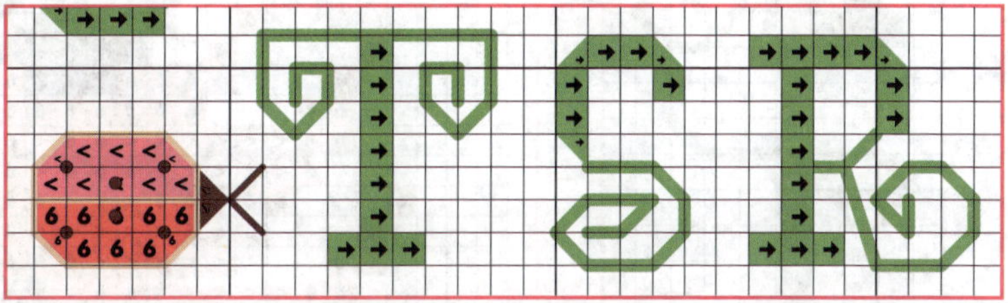

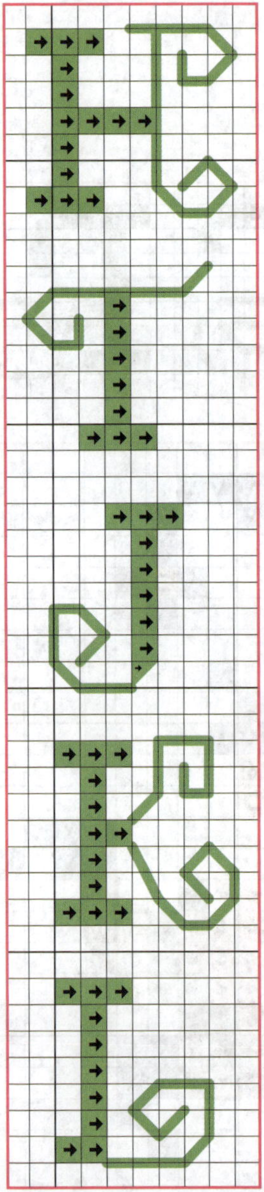

Belles pour le bal

Ces petites fées se préparent pour aller au bal ! Vont-elles porter du rose ? Du jaune ? Du vert ?

Points		Fils (traits)
	164	164
	827	827
2	945	310
8	3756	3776
	310	444
	3776	3716
	444	
	3716	
	445	

Toile Aïda 14 – 5,5 pts/cm – blanc
Toile Aïda 18 – 7 pts/cm – blanc
Schéma : 78 x 98 cases
Format : 14,15 x 17,78 cm

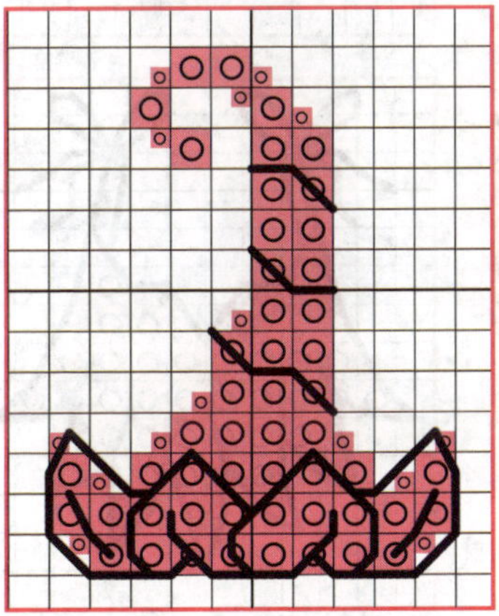

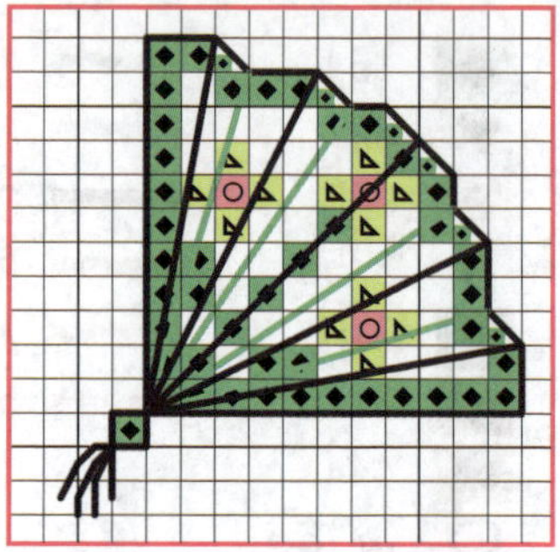

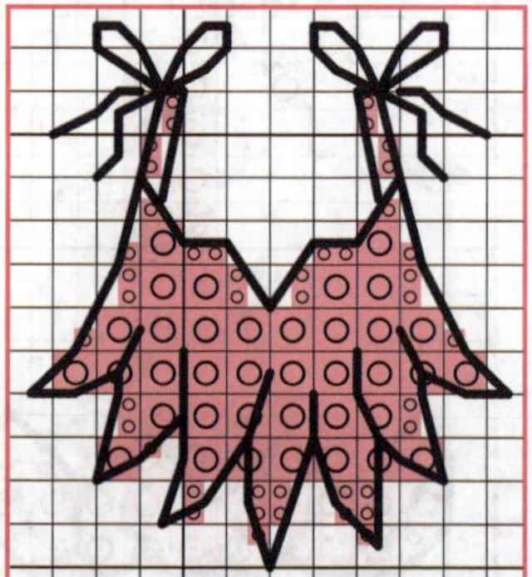

Jeu de fées

Commr elles seraient belles ces deux petites fées sur un petit coussin, une taie d'oreiller, ou encore une housse de couette !

Points		Traits	
◣	938	—	938
Z	905	—	905
⊃	973	—	973
→	907	—	907
⅄	666	—	666
⑥	151	—	151
Ⓣ	951	—	3820
■	3820	—	909

Toile Aïda 14 – 5,5 pts/cm – blanc
Toile Aïda 18 – 7 pts/cm – blanc
Schéma : 76 x 76 cases
Format : 13,79 x 13,79 cm

Moment de repos

Les fées sont très demandées dans les forêts enchantées ! Mais elles gardent toujours un peu de temps pour un thé entre fées !

Z	3829
L	951
3	961
4	955
T	973
5	775
O	827
>	3708
⊟	913

	3829
	310
	961
	973
	775
	827
	3708
	913

Toile Aïda 14 – 5,5 pts/cm – blanc
Toile Aïda 18 – 7 pts/cm – blanc
Schéma : 78 x 98 cases
Format : 14,15 x 17,78 cm

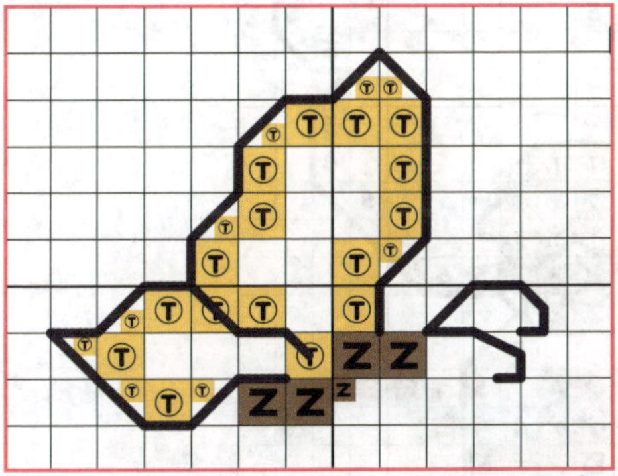

La petite rose

Voici une jolie toile dans des nuances de rose qui pourront décorer une chambre de petite fille.

■	893
⧗	3716
—	893
—	3716

Toile Aïda 14 – 5,5 pts/cm – blanc
Toile Aïda 18 – 7 pts/cm – blanc
Schéma : 74 x 74 cases
Format : 13,43 x 13,43 cm